Descodificación biológica Infantil

Yenni Payeski

Published by Yenni Payeski, 2024.

While every precaution has been taken in the preparation of this book, the publisher assumes no responsibility for errors or omissions, or for damages resulting from the use of the information contained herein.

DESCODIFICACIÓN BIOLÓGICA INFANTIL

First edition. February 2, 2024.

ISBN: 979-8224352302

Written by Yenni Payeski.

A mis hijos Patrick y Conal

DESCODIFICACIÓN BIOLÓGICA INFANTIL
una guía para Pequeños Exploradores
DESCIFRANDO EMOCIONES Y SENSACIONES CORPORALES
YENNI PAYESKI

A mis hijos

Ayudar a los niños a reconocer emociones, sensaciones corporales y participar en ejercicios les permitirá comenzar a comprender y registrar sus sentimientos, fomentando el desarrollo hacia una mayor conciencia emocional en la edad adulta.

Este libro te ofrece la oportunidad de establecer un puente de comunicación con tu hijo, permitiéndole expresar sus emociones a través del juego y la pintura.

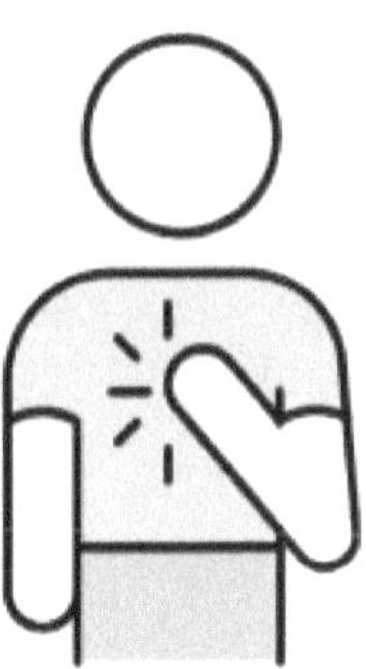

A medida que se familiariza con la identificación de las respuestas del cuerpo frente a situaciones estresantes, se busca prevenir el malestar y mantener la salud.

En la BioDescodificación, consideramos que los niños son nuestros espejos, reflejando las emociones de sus padres

Hola !
¿Qué ocurre en tu cuerpo?
Dibújate sobre un papel.
(Repite este dibujo luego de terminar el libro).

Parte 1
Sensaciones corporales

Dibujo ¿Qué siento en el cuerpo?

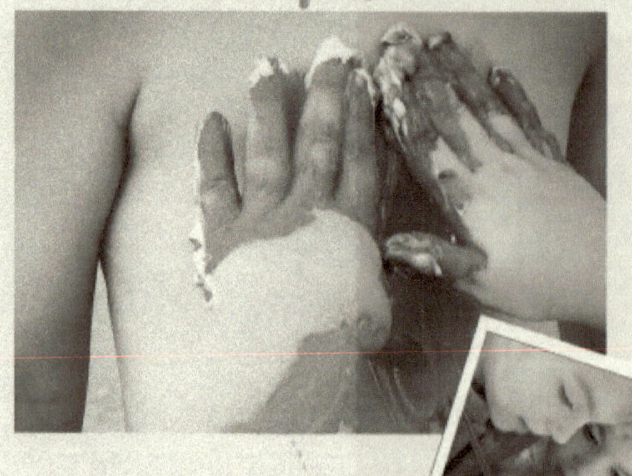

La sensación corporal es el eje central que nos ayudará a encontrar qué estamos viviendo realmente.

¿Cómo te siente hoy?

La emoción se guarda como energía
en el cuerpo.

La manera de vivir los acontecimientos
quedará registrada en el cuerpo mediante
sensaciones físicas concretas.

Dibujate en un papel
y señala con color la
zona que te duele

¿Hoy te sientes enfermo?

Ejercicio: Busca un ejemplo de alguna situación en la que reconozcas cómo has reaccionado antes de la aparición de un síntoma o una reacción orgánica.

¿Tienes fiebre? ¿Qué parte del
cuerpo te duele más?

¿Te pusieron hielo
en la cabeza para
aliviar el dolor?

¿Tienes fiebre? ¿Qué partes del cuerpo te duelen?

¿Tienes fiebre? ¿Qué partes del cuerpo te duelen?

¿Estás sudando?
¡Colorea en un
papel!

¿Te duele la cabeza?

¿Sientes mareo
o dolor en el
estómago?

¿Te duele el estómago?

Ejercicio: Busca otro ejemplo de alguna situación en la que reconozcas cómo has reaccionado antes de la aparición de un síntoma o enfermedad.

¡Señala la zona en que
sientes dolor!

¡Señala la zona en que
sientes dolor!

¡Señala la zona en que sientes dolor!

¿Tienes vómito?

¿Tienes vómito?

¿Tienes ganas de devolver?

¿Tienes ganas de devolver?

¿Has pedido ayuda?

¿Has pedido ayuda?

¿Tienes diarrea?

¿Estás descompuesta/o?

¿Te sangra la nariz con frecuencia?

¿Tienes dolor de oídos?

¿Tienes dolor de garganta?

¿Tienes dolor de garganta?

¿Se te dificulta hablar?

¿Tienes erupción o alergia?
Pinta en un papel qué parte
del cuerpo te duele.

¿Tienes dolor en el pecho?

¿Tienes dolor en el pecho?

¿Tienes dolor en la boca?

¿Tienes dolor en la boca?

¿Tienes dolor de muela?

¿Tienes dolor de muela?

¿Tienes dolor de muela?
Señala que parte te duele.

¿Te cuesta respirar?

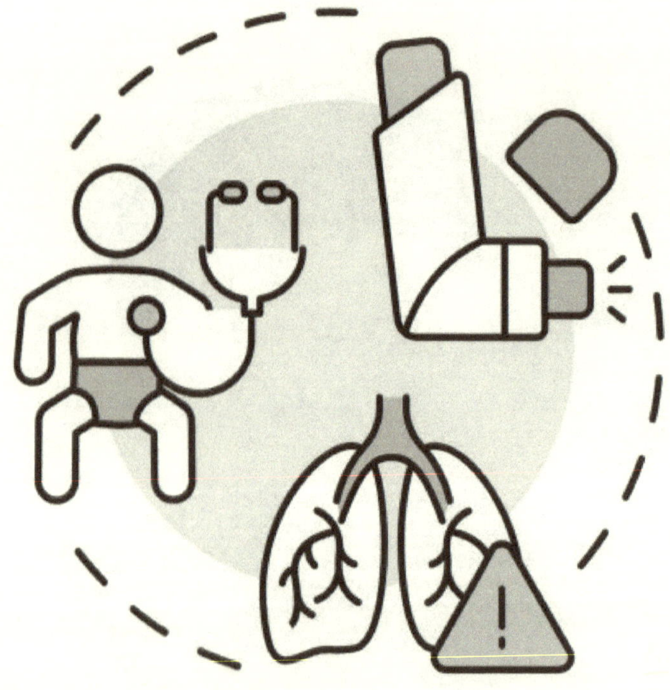

¿Tienes mocos?

¿Estás estornudando con frecuencia?

¿Estás estornudando con frecuencia?

¿Tienes tos? Dibuja qué parte del cuerpo te duele.

¿Tienes tos?

¿Tienes tos?

¿Sientes frío?

¿Sientes frío?

¿Alguien en casa está enfermo?
¿Cómo te hace sentir?

Parte 2
Emociones
¿Cómo me siento hoy?

Dibuja a tus mejores amigos

¿Cómo te sientes cuando estás con ellos?

¿Qué emoción siento ahora?

Las emociones primarias o de supervivencia son miedo, tristeza, ira, rabia, enojo, sorpresa, asco, alegría y amor.

Las sensaciones que más se van a grabar son las desagradables, para que no se vuelvan a repetir.

¿Cómo estás hoy?
Señala con el dedo
qué emoción sientes

¿Cómo me siento hoy?

¿Sábes por qué
estás así?

¿Qué me dije en ese
momento?
¿Qué pensé?

¿Cómo me siento hoy?

¿Sábes por qué estás así?

¿Qué sentí?
Y eso que sentí, ¿qué sensaciones corporales me dieron o aparecieron?

¿Cuál es mi estado interno?
¿Qué hice? ¿Cuál fue mi
comportamiento?

¿Puedes hablar con alguien de lo que te pasa?

Este evento me ha hecho sentir…

¿Puedes hablar
con alguien de lo
que te pasa?
¡Dibújalo en un
papel!

¿Puedes hablar
con alguien de lo
que te pasa?
¡Dibújalo en un
papel!

¿Qué vives en este instante?

¿Sábes por qué estás así?

Conozco las emociones

Las emociones permiten la supervivencia:

miedo (precaución),
ira (fuerza para la lucha),
tristeza (tiempo para restablecerse de
un dolor),

asco (evitar ingerir tóxicos o alimentos
descompuestos),

sorpresa (curiosidad de encontrar
cosas nuevas),
alegría (placer o bienestar)
y amor (empatía, capacidad para
el vínculo y relación).

¿Cómo estás?

Estoy triste

Tristeza

Si hoy sientes tristeza
píntala de azul sobre un papel

¿Qué hay detrás de esa emoción?
Detrás de esa tristeza, ¿qué
enfado encontrarías?

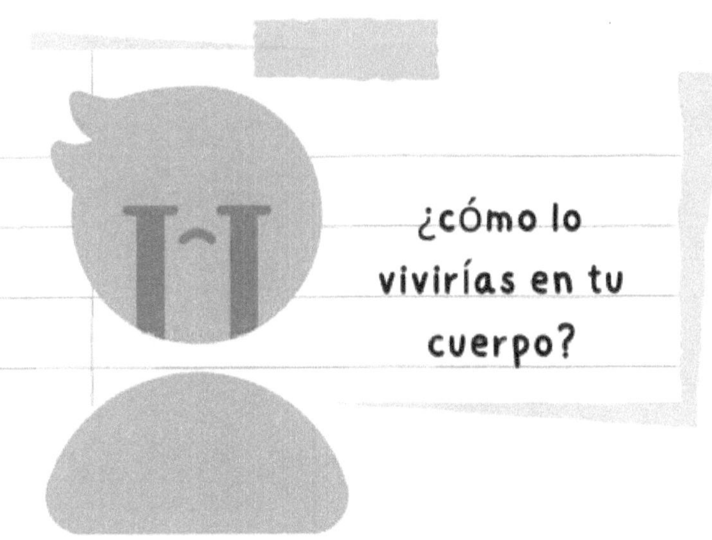

Si en lugar de sentir... pudieras sentir...

¿Alguien te regañó?
¿Cómo te hace sentir?
píntalo

¿En dónde sientes la tristeza?

¿Alguien en casa está triste? ¿Cómo
te hace sentir?

Siento miedo

La evacuación del estrés emocional retenido se realiza por medio de una escucha activa de las sensaciones corporales.
Para acceder a la emoción o sentir se ha de tener en cuenta las reacciones fisiológicas corporales y preguntar al niño:

¿Cómo siente tu cuerpo eso que describes?

Por ejemplo, si la respuesta es "miedo", podemos añadir:

¿cómo sabe tu cuerpo que sientes miedo?

Si hoy sientes miedo dibujalo

Miedo

¿Cómo sabe tu cuerpo que
sientes miedo?

¿Qué emoción tienes ahora?

¿Qué emoción tienes ahora?

¿Sábes por qué estás así hoy?

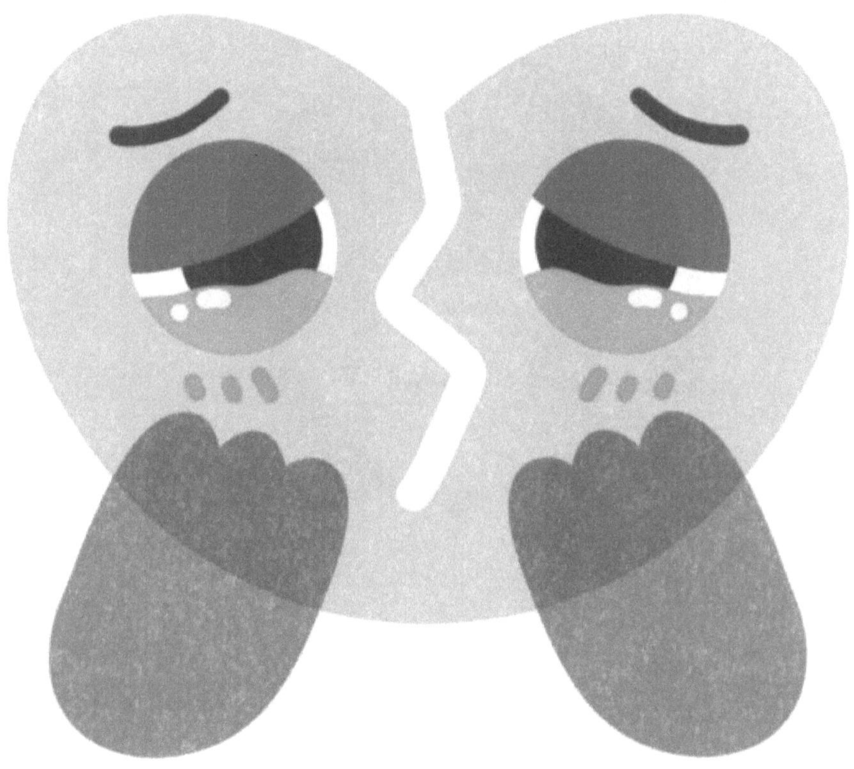

¿Sientes decaimiento?
Señala qué parte del cuerpo
te pesa más.

Si te sientes cansado...
Dibuja en un papel

¿Sientes cansancio? Señala qué
parte del cuerpo te pesa más.

Si sientes sueño señala con el dedo sobre la pantalla

¿Tienes ganas de dormir?

¿Tienes ganas de dormir?

¿Sientes sueño? Señala qué
parte del cuerpo te pesa más.

¿Sientes sueño? Señala qué
parte del cuerpo te pesa más.

¿Cómo estás hoy?

Ira

Siento enojo

¿En qué parte del cuerpo sientes el enojo?
Indícalo con el dedo

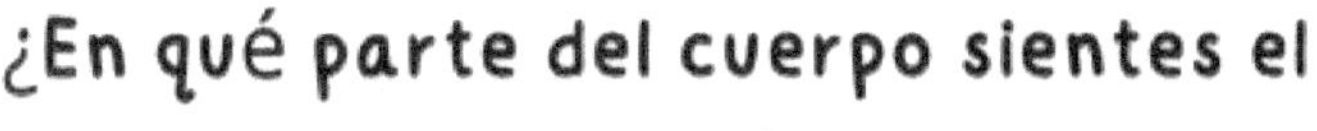

¿Sientes enfado?

¿Qué te permite no sentir el hecho de tener
esta emoción?
Detrás de ese enfado, ¿qué tristeza
habría?

Si en lugar de sentir... pudieras sentir....
¿cómo lo vivirías en tu cuerpo?

¿Tienes ganas de gritar?

¿Tienes ganas de gritar?

¿Sientes frustración ?

¿Cómo sabe tu cuerpo que te
sientes frustrado?

Frustración

¿Estás preocupado por algo?

Preocupación

¿Estás preocupado por algo?

¿En qué parte del cuerpo sientes preocupación?

¿En qué parte del cuerpo sientes preocupación?

Si hoy sientes disgusto señala la pantalla

Disgusto

¿Sientes vergüenza?

¿Qué notas en tu cuerpo?
¿Qué pasa en tus músculos?
¿Qué pasa en tu estómago?
¿Cómo cambia tu respiración?

¿Se acelera o se desacelera tu pulso?
¿Te sientes con más frío o con más calor?
¿Tiemblas o estás relajado?
¿Dónde hay tensión?
¿Tienes alguna otra molestia?

Estoy confundido

¿Sientes confusión o no sabes
identificar qué sientes… ?

¿Sientes confusión o no sabes
identificar qué sientes… ?

Confusión

¿Qué notas en tu cuerpo?

¿Qué notas en tu cuerpo?

¿Tienes alguna otra molestia o sensación?

¿Tienes alguna otra molestia o sensación?

¿Te caíste?
Señala qué parte del cuerpo te
duele y cómo te hace sentir.

¿Tienes dolor en el tobillo?

¿Qué emoción sientes
respecto a lo que sucedió?

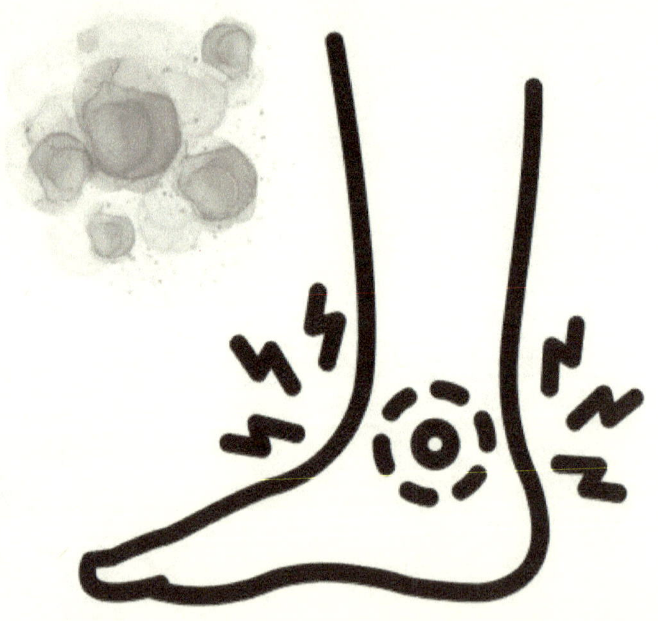

¿Tienes dolor en la muñeca?

¿o alguna otra molestia?

¿Te golpeaste jugando?
Señala qué parte del cuerpo
te duele.

¿cómo te sientes?

¿Tienes dolor de cabeza?

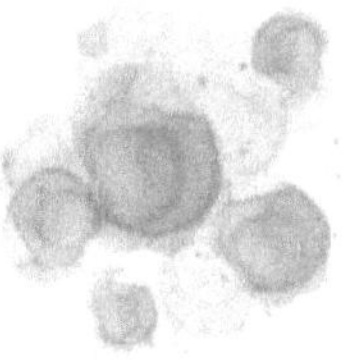

¿Se acelera o se desacelera tu pulso?
¿Te sientes con más frío o con más calor?
¿Tiemblas o estás relajado?
¿Dónde hay tensión?
¿Tienes alguna otra molestia?

¿Qué emoción sientes ahora?

¿Qué emoción sientes ahora?

Alegría

¿Cómo sabe tu cuerpo que sientes alegría?

Me siento alegre

Al contactar con
emociones,
sensaciones
agradables se puede
cultivar otra forma
de mirar la vida.

¿Te sientes relajado?

¿cómo sabe tu cuerpo
que sientes
tranquilidad?

Serenidad

Amor

siento Amor

Siento gratitud

Siento
compasión

Siento motivación

Siento fortaleza

Siento orgullo

Siento
curiosidad

Parte 3
Ejercicios

Para jugar

Ejercicio

1 Recuerda una situación de carácter negativo como por ejemplo un evento de miedo o una situación angustiante, que provocó ansiedad, vergüenza, humillación, etc. Ante ese evento:

¿Qué notaste en tu cuerpo?

¿Qué pasó en tus músculos?

¿Qué pasó en tu estómago?

¿Cómo cambió tu respiración?

¿Se aceleró o se desaceleró tu pulso?

¿Te sientes con más frío o con más calor?

¿Tiemblas o estás relajado?

¿Dónde hay tensión?

¿Tienes alguna otra molestia?

Ejercicio

2

Ahora, pon atención/consciencia en el
espacio en el que te encuentras.
Pon atención en las características
físicas o ambientales como
el color de la pintura de las paredes,
la altura del techo,
la textura del piso,
la presencia de muebles,
tu ropa,
los sonidos,
los olores, etc.

¿Qué es lo que te provoca?
¿Cuál es la temperatura del cuarto?
¿Qué hueles?
¿Qué escuchas?
¿Cambia tu respiración mientras
cambias tu enfoque de consciencia?.
¿Qué sensaciones tienes?

Ejercicios físicos para sentirte mejor

Ejercicios físicos para sentirte mejor

Ejercicios físicos
para sentirte
mejor

Ejercicios físicos para sentirte mejor

Ejercicio

Para contactar con la emoción de un evento estresante, por ejemplo, te asustaste porque oíste un ruido fuerte.

- ¿Qué sentimientos te produce?
- ¿Cuál es la emoción?
- Cierra los ojos, ¿qué sensaciones corporales aparecen?

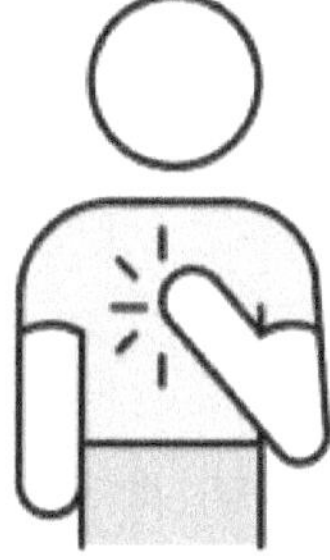

Ejercicio

¿Cómo te has sentido conectando
con tus sensaciones corporales?
¿Qué dificultades has encontrado?,
¿has sabido reconocer tus
sensaciones corporales?
¿Cómo te has sentido al acabar el
ejercicio?

Mi actividad favorita

Dibuja en un papel lo qué más disfrutas hacer

Te regalo esta canción que puedes escuchar en Spotify o en tu app favorita.

<u>Canción de amor para bebé</u>

Esta hermosa y relajante canción la aprendí en mi último retiro espiritual para mamás con bebés, quería compartirla porque es tan hermosa que puedes cantársela a tu hija, hijo, bebé.

Solo tienes que decirle con todo tu amor:

"(nombre del niño/a) es
hermoso/a para mí,
te amo,
y quiero que seas feliz"

¿Qué te pareció la canción? Te animo a compartir tu versión de la canción de amor a tu hijo/a

en 

https://www.instagram.com/infosentirseamada/

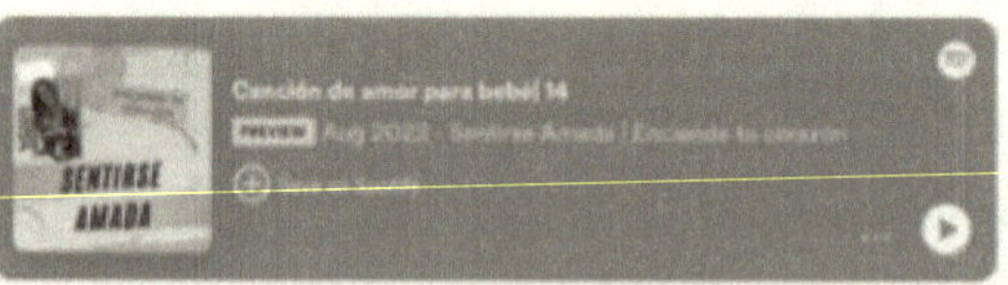

https://open.spotify.com/episode/380VB4PD0GJUwlQtroKiJl?si=_rEIMYOTRFmeftMGKmrTtg

Don't miss out!

Visit the website below and you can sign up to receive emails whenever Yenni Payeski publishes a new book. There's no charge and no obligation.

https://books2read.com/r/B-A-YADQ-OOZUC

BOOKS2READ

Connecting independent readers to independent writers.

Also by Yenni Payeski

Problemas para dormir. Rituales y oraciones para que duermas más feliz
Trouble Sleeping? Evolve your spirituality
Acompañamiento espiritual por ruptura amorosa
Descodificación biológica Infantil

Watch for more at https://sentirseamada.com/.

About the Author

Soy Yenni Payeski. Descodificadora Biológica. Acompañante espiritual. Coach. Ingeniera.

Esposa. Madre. Hija.

Mi propósito es ayudar a descubrir la presencia de Dios en sus vidas, recuperar la ALEGRÍA a través de la FE y el Bienestar a través de la Biodescodificación.

Después de vivir años alejada de la fe y de mi pasión por la naturaleza, encontré en el catolicismo el mejor refugio para curar mis heridas. Aprendí que escucharme a mí misma y escuchar a los demás es el camino para el amor infinito de Dios.

El camino de la fe me llevó a convertirme en ministra del Silencio, la Escucha y la Acogida. En 2016 fundé **Sentirse Amada**, un espacio de acompañamiento espiritual donde brindo talleres para ayudar a mujeres en su búsqueda de bienestar a través del autoconocimiento, la meditación y la oración.

Con mis libros, te ayudo a reconocer y observar tus emociones y te doy las herramientas para volver a creer en ti misma y sentirte amada por Dios.

Ingresa a www.sentirseamada.com y da el primer paso a la conciencia del merecimiento, donde CREER es PODER.

Read more at htttps://sentirseamada.com/.